Dieses Maxi Pixi gehört:

In dieser Maxi-Pixi-Serie »Bobo Siebenschläfer« sind außerdem erschienen:

- Bobo bei Oma und Opa
- Bobo auf dem Spielplatz
- Bobo am Meer

Maxi Pixi Nr. 351
© 2021 Carlsen Verlag GmbH, Völckersstraße 14–20, 22765 Hamburg
© 2018 by Rowohlt Verlag GmbH, Hamburg
Alle Rechte vorbehalten
© Text: 2018 Markus Osterwalder · © Illustration: 2018 Dorothée Böhlke
Herstellung: Derya Yildirim | Redaktion: Nele Banser, Johanna Willrodt
ISBN 978-3-551-03261-4

www.pixi.de

Bobo
im Zoo

Markus Osterwalder
Illustriert von Dorothée Böhlke

Heute geht Bobo mit Mama und Papa in den Zoo.

Da gibt es viele Tiere zu sehen.

Ein Papagei!
Kra, kra, kraaa,
macht der Vogel.

Bobo gibt dem Elefanten
einen Apfel.
Mama macht ein Foto davon.

Die Bärenkinder spielen vor der großen Höhle.

Die Seehunde haben gerade ein paar Fische bekommen.
Wouff! Wouff!, bellen sie.

Die Känguru-Mama trägt ihr Kind in der Bauchtasche.

Der Affe winkt Bobo zu.

Schau mal, die Pinguine!
Sogar ein kleines Pinguin-Baby ist dabei.

Die Zebras stehen zusammen unter einem Baum.

Dann geht
Familie Siebenschläfer
zum Ausgang.

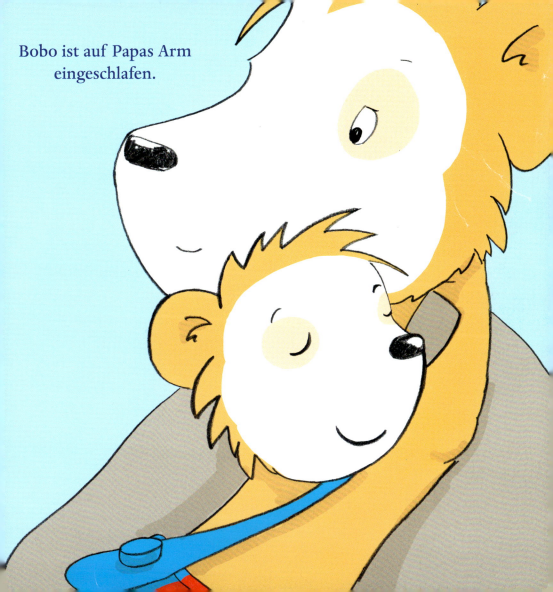

Schau ganz genau hin!

Du hast dir beim Zuhören die Bilder bestimmt ganz genau angesehen. Kannst du die kleinen Bilder in der Geschichte wiederfinden?

Auf welcher Seite findest du diese nützlichen Wegweiser? Welche Tiere erkennst du darauf?

Das sind ziemlich spitze Zähne. Welches Tier hat solch ein Gebiss?

Zu welchem Tier gehört
dieses toll gemusterte Fell?

Brr, ganz schön kalt hier!
In welchem Gehege wachsen
diese Eiszapfen?

Wo versteckt sich dieser kleine Fisch?

Markus Osterwalder
Bobo Siebenschläfer
Drinnen ist was los!

Wenn es draußen ungemütlich ist, hat Bobo immer tolle Ideen, wie er sich drinnen beschäftigen kann: Mit den alten Kleidern von Oma und Opa kann man sich super verkleiden und sogar ein Theaterstück aufführen. Mit Kastanien, Blättern und Steinen lässt sich prima basteln und sogar Musik machen; auf einer Tapetenrolle kann man die tollsten Bilder malen, und mit einem alten Vorhang und Kissen lässt sich eine gemütliche Höhle bauen. Dabei hat Bobo immer viel Spaß mit seinen Freunden und seiner liebevollen Siebenschläfer-Familie. Und schläft am Ende jedes Abenteuers zufrieden ein.

96 Seiten

Alle Abenteuer von Bobo Siebenschläfer gibt's bei rowohlt rotfuchs unter **rowohlt.de**

Märchenhafte Welten!

Mehr dazu auf carlsen.de